# The Tale of the Lost Key and Other Stories: Bilingual Swedish-English Short Stories for Swedish Language Learners

Coledown Bilingual Books

Published by Coledown Bilingual Books, 2023.

While every precaution has been taken in the preparation of this book, the publisher assumes no responsibility for errors or omissions, or for damages resulting from the use of the information contained herein.

THE TALE OF THE LOST KEY AND OTHER STORIES: BILINGUAL SWEDISH-ENGLISH SHORT STORIES FOR SWEDISH LANGUAGE LEARNERS

**First edition. September 22, 2023.**



ISBN: 979-8223999485

Written by Coledown Bilingual Books.

# Table of Contents

# En vandring genom solens rike

Sommaren hade äntligen kommit till den svenska landsbygden. Naturen blommade i en färgprakt som skulle fått en konstnär att blekna av avund. Solen sken med en intensitet som fick själva himlen att lysa upp i en klarblå ton. Det var en perfekt dag för en vandring, och så var det också den dagen då vår berättelse börjar.

Huvudpersonen i vår saga är en ung man vid namn Erik. Erik var född och uppvuxen i en liten by som låg inbäddad mellan gröna kullar och vidsträckta skogar. Han hade alltid älskat att vandra i naturen och utforska skogarnas gömda hemligheter. På denna speciella dag kände han sig extra inspirerad att ge sig ut på äventyr.

Erik hade förberett sig väl. Han bar en ryggsäck full med vatten, en första hjälpen-utrustning och en kikare för att kunna följa fåglarnas flykt. Han hade också en anteckningsbok och en penna med sig, för han älskade att skriva ner sina tankar och observationer under sina vandringar.

Hans vandring började vid en gammal stig som ledde djupt in i skogen. Stigen var smal och övervuxen av grönska, och den kändes som en hemlig passage till en annan värld. Eriks steg var lugna och bestämda, och han lyssnade noga till skogens ljud. Fåglarna sjöng i kör ovanför honom, och vinden susade genom träden.

Efter en timmes vandring kom Erik fram till en glittrande bäck. Han stannade för att dricka lite vatten och fyllde sin flaska. Sedan fortsatte han längs bäcken, som slingrade sig genom skogen som en silvertråd. Han stannade ibland för att studera små blommor och insekter som trivdes i närheten av vattnet.

Efter ytterligare en timmes vandring kom Erik fram till en liten glänta där solens strålar letade sig igenom trädkronorna och bildade ett magiskt ljusspel på marken. Han satte sig ner på en sten och tog fram sin anteckningsbok. Han började skriva om den vackra naturen omkring sig, om bäckens mjuka porlande och om fåglarnas sång.

Medan han skrev, hörde Erik plötsligt ett mystiskt ljud bakom sig. Han vände sig snabbt om och såg en vacker älgkalv som kom fram från skogen. Älgkalven var nyfiken och närmade sig sakta. Erik satt stilla och betraktade den med förtjusning. Det var en sällsynt och magisk stund att få möta en vild älg så nära.

Efter en stund verkade älgkalven känna sig bekväm med Eriks närvaro och började bete sig som om de var gamla vänner. Erik kunde inte låta bli att skriva ner denna extraordinära upplevelse i sin anteckningsbok. Han visste att det var en berättelse som han skulle dela med andra, för det var inte varje dag man blev vän med en älg i skogen.

Efter en stund reste sig älgkalven och försvann tillbaka in i skogen, men den lämnade ett oförglömligt intryck på Erik. Han visste att han hade upplevt något speciellt den dagen, något som skulle vara en del av hans berättelse för alltid.

Erik fortsatte sin vandring genom skogen och upptäckte fler skatter längs vägen. Han stannade vid en klarblå sjö och tog ett uppfriskande dopp. Han mötte också andra vandrare som delade med sig av sina egna äventyr och erfarenheter.

När solen började gå ner över horisonten, visste Erik att det var dags att återvända hem. Han hade fyllt sin anteckningsbok med berättelser och upplevelser som han skulle bära med sig för resten av sitt liv. Han kände sig tacksam för den underbara svenska sommaren och för alla de magiska ögonblick han hade fått uppleva under sin vandring.

Så slutar vår sommarsaga, med Erik som en hängiven berättare av naturens skönhet och mysterier. För i det svenska landskapet, där solen skiner starkt och naturen är rik, finns alltid en historia att berätta och en upplevelse att upptäcka. Och för Erik skulle denna sommarsaga förbli en levande del av hans själ och en inspiration för framtida äventyr.

# A Journey Through the Kingdom of the Sun

Summer had finally arrived in the Swedish countryside. Nature flourished in a riot of colors that would have made an artist green with envy. The sun shone with an intensity that made the sky itself glow in a clear blue hue. It was a perfect day for a hike, and so it was the day our story begins.

The protagonist of our tale is a young man named Erik. Erik was born and raised in a small village nestled between green hills and vast forests. He had always loved wandering in nature and exploring the hidden secrets of the woods. On this particular day, he felt especially inspired to embark on an adventure.

Erik had prepared well. He carried a backpack filled with water, a first-aid kit, and binoculars to follow the flight of birds. He also had a notebook and a pen with him because he loved jotting down his thoughts and observations during his hikes.

His journey began on an old trail that led deep into the forest. The path was narrow and overgrown with vegetation, feeling like a secret passage to another world. Erik's steps were calm and determined, and he listened attentively to the sounds of the forest. Birds sang in chorus above him, and the wind rustled through the trees.

After an hour of hiking, Erik arrived at a sparkling stream. He stopped to drink some water and refilled his bottle. Then he continued along the creek, which meandered through the forest like a silver thread. Occasionally, he paused to study small flowers and insects thriving near the water.

After another hour of hiking, Erik reached a small clearing where the sun's rays pierced through the treetops, creating a magical play of light on the ground. He sat down on a rock and took out his notebook. He began writing about the beautiful nature around him, the gentle babbling of the stream, and the birds' song.

While he was writing, Erik suddenly heard a mysterious sound behind him. He quickly turned around and saw a beautiful young moose calf emerging from the forest. The moose calf was curious and approached slowly. Erik sat still and watched it with delight. It was a rare and magical moment to get so close to a wild moose.

After a while, the moose calf seemed to feel comfortable in Erik's presence and behaved as if they were old friends. Erik couldn't resist writing down this extraordinary experience in his notebook. He knew it was a story he would share with others, for it wasn't every day that you made friends with a moose in the woods.

After some time, the moose calf got up and disappeared back into the forest, but it left an unforgettable impression on Erik. He knew he had experienced something special that day, something that would be a part of his story forever.

Erik continued his hike through the woods and discovered more treasures along the way. He stopped at a crystal-clear lake and took a refreshing dip. He also met other hikers who shared their own adventures and experiences.

As the sun began to set on the horizon, Erik knew it was time to return home. He had filled his notebook with stories and experiences that he would carry with him for the rest of his life. He felt grateful for the wonderful Swedish summer and for all the magical moments he had experienced during his hike.

So ends our summer tale, with Erik as a devoted narrator of nature's beauty and mysteries. In the Swedish landscape, where the sun shines brightly, and nature is rich, there is always a story to tell and an experience to discover. And for Erik, this summer tale would remain a living part of his soul and an inspiration for future adventures.

# Sagan om den förlorade nyckeln

Det var en mörk och stormig natt i den lilla byn Lönnvik. Regnet öste ner från himlen, och vindarna slet i träden med en olycksbådande susning. Människorna i byn hade redan gått till sängs och låg i sina varma, torra hus, medan naturens raseri fortsatte utanför.

I ett av husen låg en kvinna vid namn Anna. Hon kunde inte sova på grund av ovädret och vred sig oroligt i sängen. Plötsligt hörde hon ett ljud som fångade hennes uppmärksamhet. Det var ett skrapande ljud som kom från köket. Hon reste sig upp och gick försiktigt ut för att undersöka.

När hon kom till köket, möttes hon av en ovanlig syn. Ett litet ljus lyste upp rummet, och där mitt på golvet låg en gammal, rostig nyckel. Nyckeln sken i det mystiska ljuset och verkade nästan levande. Anna förstod inte hur den hade hamnat där och vad den kunde användas till.

Anna böjde sig ner och plockade upp nyckeln. Den var kall att röra vid och kändes tung i hennes hand. Hon bestämde sig för att följa sitt hjärta och bege sig ut i ovädret för att leta efter ledtrådar om var nyckeln hörde hemma.

Med nyckeln i handen steg Anna ut i den vilda natten. Regnet piskade henne i ansiktet, och vinden slet i hennes kläder. Men hon fortsatte envist framåt, med nyckeln som sitt enda sällskap.

Efter en lång vandring kom Anna till skogsbrynet. Där stannade hon upp och tittade omkring sig. I skogen hörde hon en susning, något som nästan lät som ett rop. Hon följde ljudet och kom fram till en gammal, övergiven brunn.

Anna tvekade inte utan beslutade sig för att använda nyckeln för att öppna brunnslocket. Med en gnisslande ljud öppnades locket, och en trappa av stenar ledde ner i mörkret.

Hon tände sitt lilla ljus och började försiktigt klättra ner i brunnen. Ju djupare hon kom, desto mer kändes det som om hon var på väg mot något hemlighetsfullt och viktigt. Till slut kom hon fram till en trång passage som ledde in i en gömd grotta.

I grottan möttes Anna av en hisnande syn. Rummet var fyllt med glittrande ädelstenar och skatter från svunna tider. I mitten av rummet fanns en gammal skattkista som var täckt av spindelväv och damm. Anna öppnade den försiktigt och såg något som fick hennes hjärta att slå snabbare.

Där i skattkistan låg en gammal bok med gulnade sidor och ett skimmer av magi omkring sig. Anna tog upp boken och började bläddra i den. Den innehöll hemligheter och visdom som hade varit förlorade i generationer.

Hon insåg att nyckeln hade lett henne till denna gömda skatt, till kunskap och skönhet som hade varit bortom hennes mest vågade drömmar. Och nu var det hennes ansvar att dela dessa hemligheter med världen.

Anna lämnade grottan och återvände till byn. Hon berättade om sin upptäckt och delade med sig av den gamla boken till byns invånare. De insåg att den hade kraften att förändra deras liv och deras by för alltid.

Så slutar vår saga om den förlorade nyckeln och den dolda skatten. Anna hade modet att följa sitt hjärta och utforska det okända, och det ledde henne till en värld av magi och visdom. Ibland är det de mest oväntade ögonblicken som kan förändra våra liv på de mest underbara sätt.

# The Tale of the Lost Key

It was a dark and stormy night in the small village of Lönnvik. Rain poured from the sky, and the winds tore through the trees with an ominous howl. The people in the village had already gone to bed, snug and warm in their houses, while nature's fury raged outside.

In one of the houses, a woman named Anna lay awake due to the storm, tossing and turning in her bed. Suddenly, she heard a sound that caught her attention. It was a scraping noise coming from the kitchen. She got up and went cautiously to investigate.

When she reached the kitchen, she was met with an unusual sight. A small light illuminated the room, and there, right in the middle of the floor, lay an old, rusty key. The key gleamed in the mysterious light and almost seemed alive. Anna didn't understand how it had ended up there and what it could be used for.

Anna bent down and picked up the key. It was cold to the touch and felt heavy in her hand. She decided to follow her heart and venture out into the storm to search for clues about where the key belonged.

With the key in her hand, Anna stepped out into the wild night. Rain whipped against her face, and the wind tugged at her clothes. But she persevered, with the key as her only companion.

After a long journey, Anna reached the edge of the forest. There, she stopped and looked around. In the forest, she heard a whisper, something that almost sounded like a call. She followed the sound and arrived at an old, abandoned well.

Without hesitation, Anna decided to use the key to open the well's lid. With a creaking sound, the lid swung open, revealing a stone staircase leading down into darkness.

She lit her small light and began to descend the well. The deeper she went, the more it felt like she was approaching something mysterious and important. Finally, she reached a narrow passage that led into a hidden cave.

In the cave, Anna was met with a breathtaking sight. The room was filled with sparkling gemstones and treasures from times long past. In the center of the room, there was an old treasure chest covered in cobwebs and dust. Anna opened it carefully and saw something that made her heart race.

Inside the treasure chest lay an ancient book with yellowed pages and a shimmer of magic about it. Anna picked up the book and started flipping through its pages. It contained secrets and wisdom that had been lost for generations.

She realized that the key had led her to this hidden treasure, to knowledge and beauty that had been beyond her wildest dreams. And now, it was her responsibility to share these secrets with the world.

Anna left the cave and returned to the village. She shared her discovery and shared the ancient book with the villagers. They realized that it had the power to change their lives and their village forever.

So ends our tale of the lost key and the hidden treasure. Anna had the courage to follow her heart and explore the unknown, and it led her to a world of magic and wisdom. Sometimes, it's the most unexpected moments that can change our lives in the most wonderful ways.

# Sagan om Den Magiska Drömmen

Det var en gång en ung pojke som hette Oliver. Han bodde i en liten by som var omgiven av täta skogar och höga berg. Oliver var känd i byn för att vara en drömmare. Han spenderade dagarna med att stirra upp på himlen och fantisera om äventyr långt bortom bergen.

En natt hade Oliver en alldeles särskild dröm. I drömmen flög han fritt över bergen, högt över trädtopparna och över glittrande sjöar. Han kände vinden i sitt hår och såg stjärnorna lysa starkare än någonsin. Det var en magisk dröm som kändes mer verklig än något annat.

När Oliver vaknade, kände han en längtan i sitt hjärta. Han visste att han måste följa drömmen och utforska bergen som han hade sett i drömmen. Han berättade för sin familj om sin dröm och om sitt beslut att ge sig av på äventyr.

Med en ryggsäck full av mat och förnödenheter begav sig Oliver mot bergen. Hans vänner och familj vågade knappt titta på honom när han vandrade uppåt på stigarna, men Oliver kände en stark tro på att hans dröm skulle leda honom rätt.

Dag efter dag utforskade Oliver bergen. Han stötte på orörda glaciärer, dånande vattenfall och djupa skogar. Han mötte vilda djur och lärde sig att överleva i naturen. Han fann skatter som var långt mer värdefulla än guld och ädelstenar: vänner och insikter som berikade hans själ.

Men det var en särskild plats som fick Olivers hjärta att slå snabbare. En dold dal omringad av höga berg som inte hade varit bebodd på generationer. Där i dalen stannade Oliver och kände att han hade kommit hem.

Han byggde sitt lilla hus vid foten av bergen och levde i harmoni med naturen. Han lärde sig konsten att odla och bruka marken och att lyssna på berättelserna som bergen viskade till honom varje natt.

Åren gick, och Oliver blev en äldre man. Men han hade aldrig glömt sin dröm eller den magiska drömmen som hade startat hans äventyr. Han hade funnit sin frid i dalen och visste att han hade följt sitt hjärta på rätt sätt.

Så slutar vår saga om Den Magiska Drömmen och Oliver som vågade följa den. Ibland kan drömmar vara våra guider till de mest fantastiska äventyr och upptäckter. Oliver hade lärt sig att om du följer ditt hjärta, kan drömmar bli verklighet och verkligheten kan bli lika magisk som någon dröm.

# The Tale of the Magical Dream

Once upon a time, there was a young boy named Oliver. He lived in a small village surrounded by dense forests and tall mountains. Oliver was known in the village for being a dreamer. He spent his days gazing up at the sky and fantasizing about adventures far beyond the mountains.

One night, Oliver had a very special dream. In the dream, he flew freely over the mountains, high above the treetops and across sparkling lakes. He felt the wind in his hair and saw the stars shining brighter than ever. It was a magical dream that felt more real than anything else.

When Oliver woke up, he felt a longing in his heart. He knew he had to follow the dream and explore the mountains he had seen in his dream. He told his family about his dream and his decision to embark on an adventure.

With a backpack full of food and supplies, Oliver set out for the mountains. His friends and family could barely look at him as he hiked up the trails, but Oliver had a strong belief that his dream would lead him in the right direction.

Day after day, Oliver explored the mountains. He encountered untouched glaciers, roaring waterfalls, and deep forests. He met wild animals and learned to survive in nature. He found treasures far more valuable than gold and gemstones: friends and insights that enriched his soul.

But there was a particular place that made Oliver's heart beat faster. A hidden valley surrounded by tall mountains that had not been inhabited for generations. There, in the valley, Oliver stopped and felt that he had come home.

He built his little house at the foot of the mountains and lived in harmony with nature. He learned the art of farming and tending to the land, and he listened to the stories the mountains whispered to him every night.

Years passed, and Oliver became an older man. But he had never forgotten his dream or the magical dream that had started his adventure. He had found his peace in the valley and knew that he had followed his heart in the right way.

So ends our tale of The Magical Dream and Oliver, who dared to follow it. Sometimes, dreams can be our guides to the most amazing adventures and discoveries. Oliver had learned that if you follow your heart, dreams can become reality, and reality can be as magical as any dream.

# Sagan om Den Förlorade Melodin

———

I en pittoresk by vid namn Harmonivik, där människor och musik levde i fullständig harmoni, föddes en flicka som hette Linnea. Hon kom till världen med en gåva som var lika ovanlig som den var vacker: hennes röst var som en ängels sång.

Linneas röst hade en förtrollande kraft. När hon sjöng, hände något magiskt. Blommor blommade i kör runt henne, och fåglarna svarade med att sjunga ännu vackrare melodier. Byns invånare älskade att höra henne sjunga, och de ansåg henne vara en skatt.

Men en dag hände något som skulle förändra allt. Under en solig eftermiddag när Linnea sjöng vid sjöns strand, råkade hon ut för en händelse som fick hennes hjärta att brista. Hennes vackra sång lockade till sig en nyfiken vind, som snappade åt sig de musikaliska noterna och förde dem bort.

Linnea försökte desperat att fånga noterna, men de flög bort över sjön och försvann som en flock fåglar mot horisonten. Hennes sång var borta, och det var som om hennes själ hade blivit stulen.

Byns invånare försökte trösta Linnea och hennes familj, men det fanns en sorg över Harmonivik som inte hade funnits tidigare. Linnea kunde inte längre sjunga, och hennes röst var tyst.

Åren gick, och Harmonivik förlorade sin glans. Byborna kunde inte längre höra Linneas förtrollande sång, och musiken som hade varit deras hjärta och själ försvann. Byggden som en gång hade varit känd för sin harmoni kändes nu som en plats fylld av sorg.

Men en dag, när solen gick upp över Harmonivik, hände något som skulle ändra allt. Linnea, som hade tillbringat åren i tystnad och sorg, kände en längtan i sitt hjärta. Hon bestämde sig för att ge sig ut på en resa för att hitta den förlorade melodin och återställa byns harmoni.

Linnea vandrade över berg och dalar, sökte i skogar och följde floder. Hon mötte människor från olika platser och lyssnade på deras sånger och historier. Men den förlorade melodin var fortfarande borta.

Till sist, när Linnea var nästan på väg att ge upp hoppet, kom hon till en vacker glänta mitt i skogen. Där satt en gammal man som spelade på en liten flöjt. Melodin som kom ur flöjten var vacker och sorgsen på samma gång.

Linnea närmade sig mannen och berättade sin historia. Mannen tittade på henne med vänliga ögon och sade: "Jag har hört talas om din gåva och din förlorade sång. Kanske kan min flöjt hjälpa dig att återfinna den."

Han spelade på flöjten igen, och Linnea kände genast igen den förlorade melodin. Hennes hjärta fylldes av glädje och tårar när hon sjöng med i sången. Noterna svirrade runt dem som små älvor och återvände till Linneas röst.

När Linnea återvände till Harmonivik och sjöng den förlorade melodin för byns invånare, hände något fantastiskt. Blommor blommade i kör, fåglar sjöng med ännu större inlevelse, och musiken fylldes med glädje och harmoni. Byn återfick sin förlorade glans, och människor dansade och sjöng tillsammans.

Så slutar vår saga om Den Förlorade Melodin och Linnea, som vågade ge sig ut på en resa för att återfinna sin gåva och byns harmoni. Ibland kan vi förlora det mest värdefulla vi har, men om vi har modet att söka och kämpa för det, kan vi återfå det och skapa harmoni i våra hjärtan och våra liv igen.

# The Tale of the Lost Melody

In a picturesque village named Harmony Bay, where people and music lived in complete harmony, a girl was born named Linnea. She came into the world with a gift as rare as it was beautiful: her voice was like an angel's song.

Linnea's voice had an enchanting power. When she sang, something magical happened. Flowers bloomed in chorus around her, and the birds responded by singing even more beautiful melodies. The villagers loved to hear her sing, and they considered her a treasure.

But one day, something happened that would change everything. On a sunny afternoon when Linnea was singing by the lake's shore, she had an encounter that broke her heart. Her beautiful song attracted a curious wind, which snatched up the musical notes and carried them away.

Linnea desperately tried to catch the notes, but they flew away over the lake and disappeared like a flock of birds into the horizon. Her song was gone, and it felt as though her soul had been stolen.

The villagers tried to console Linnea and her family, but there was a sorrow in Harmony Bay that hadn't existed before. Linnea could no longer sing, and her voice fell silent.

Years passed, and Harmony Bay lost its luster. The villagers could no longer hear Linnea's enchanting song, and the music that had been their heart and soul vanished. The place that had once been known for its harmony now felt like a place filled with grief.

But one day, as the sun rose over Harmony Bay, something happened that would change everything. Linnea, who had spent years in silence and sorrow, felt a longing in her heart. She decided to embark on a journey to find the lost melody and restore the village's harmony.

Linnea walked over hills and valleys, searched in forests, and followed rivers. She met people from different places and listened to their songs and stories. But the lost melody was still missing.

Finally, when Linnea was almost about to lose hope, she arrived at a beautiful clearing in the middle of the forest. There, an old man sat playing a small flute. The melody that came from the flute was beautiful and melancholic at the same time.

Linnea approached the man and told him her story. The man looked at her with kind eyes and said, "I've heard of your gift and your lost song. Perhaps my flute can help you find it."

He played the flute again, and Linnea immediately recognized the lost melody. Her heart filled with joy and tears as she sang along with the tune. The notes swirled around them like little fairies and returned to Linnea's voice.

When Linnea returned to Harmony Bay and sang the lost melody for the villagers, something amazing happened. Flowers bloomed in chorus, birds sang with even greater passion, and the music was filled with joy and harmony. The village regained its lost splendor, and people danced and sang together.

So ends our tale of The Lost Melody and Linnea, who dared to embark on a journey to find her gift and the village's harmony. Sometimes, we may lose the most precious things we have, but if we have the courage to seek and fight for them, we can regain them and create harmony in our hearts and lives again.

# Sagan om Lunds Tidsmaskin

I den charmiga staden Lund, där historien flätades samman med modernitet och universitetsliv, fanns en hemlighet som de flesta människor inte kände till. Lund hade en tidsmaskin gömd mitt i stadens hjärta.

Tidsmaskinen var inte som de du ser i science fiction-filmer. Istället var det en magisk urtavla som hade funnits i Lund sedan urminnes tider. Den var placerad på en dold plats inne i Domkyrkan, en av stadens mest ikoniska byggnader.

Endast ett fåtal personer hade känt till urtavlans hemlighet, och en av dem var en ung universitetsstudent vid namn Erik. Erik hade blivit intresserad av Lunds historia och hade ägnat många timmar åt att forska om stadens mysterier.

En dag hittade han en gammal bok i universitetsbibliotekets dammiga arkiv. Boken talade om tidsmaskinen och dess förmåga att transportera den som vågade använda den till olika tidsepoker. Erik blev omedelbart fascinerad och bestämde sig för att försöka finna tidsmaskinen.

Efter månader av sökande och undersökande stod han äntligen framför Domkyrkan, redo att följa ledtrådarna i boken. Han följde en labyrint av smala korridorer och dolda dörrar tills han till sist nådde en hemlig kammare. Där, på en förlängd vägg, fann han den gamla urtavlan.

Med hjälp av sina nyvunna kunskaper och ledtrådarna i boken började Erik manipulera urtavlan. Han ställde in tidpunkten till 1800-talet, en period som hade fascinerat honom sedan barnsben. Med ett klick började urtavlan lysa och vibrera, och plötsligt kände Erik hur han började snurra runt.

När snurret äntligen upphörde, befann sig Erik i en smal gränd i Lunds gamla stadskärna, men något var annorlunda. Han insåg snabbt att han hade rest tillbaka i tiden. Gatstenarna var slitna och de gamla trähusen hade en mystisk atmosfär.

Erik spenderade dagarna med att utforska det gamla Lund. Han träffade människor från en svunnen tid, vandrade längs kullerstensgatorna och besökte platser som han bara tidigare hade läst om i böcker. Han var förtrollad av att få uppleva stadens historia på riktigt.

Men tiden gick snabbt, och Erik visste att han var tvungen att återvända till sin egen tid. Med hjälp av tidsmaskinen ställde han in urtavlan på rätt tidpunkt och klickade igen. Snurret började på nytt, och när det upphörde, befann han sig återigen i det moderna Lund.

Erik hade upplevt en otrolig resa tillbaka i tiden och kände sig tacksam över att ha haft chansen att förena sig med Lunds historia. Han beslutade att hålla tidsmaskinens hemlighet väl bevarad för att skydda stadens unika gåva.

# The Tale of Lund's Time Machine

In the charming city of Lund, where history intertwined with modernity and university life, there was a secret that most people didn't know about. Lund had a time machine hidden right in the heart of the city.

The time machine wasn't like the ones you see in science fiction movies. Instead, it was a magical clock dial that had existed in Lund since time immemorial. It was located in a hidden spot inside the Cathedral, one of the city's most iconic buildings.

Only a few people had known about the clock dial's secret, and one of them was a young university student named Erik. Erik had become interested in Lund's history and had spent many hours researching the city's mysteries.

One day, he found an old book in the university library's dusty archives. The book spoke of the time machine and its ability to transport anyone who dared to use it to different time periods. Erik was immediately fascinated and decided to try to find the time machine.

After months of searching and investigating, he finally stood in front of the Cathedral, ready to follow the clues in the book. He followed a labyrinth of narrow corridors and hidden doors until he finally reached a secret chamber. There, on an extended wall, he found the ancient clock dial.

Using his newfound knowledge and the clues in the book, Erik began manipulating the clock dial. He set the time to the 19th century, a period that had fascinated him since childhood. With a click, the clock dial began to glow and vibrate, and suddenly, Erik felt himself spinning around.

When the spinning finally ceased, Erik found himself in a narrow alley in Lund's old town, but something was different. He quickly realized that he had traveled back in time. The cobblestones were worn, and the old wooden houses had a mysterious atmosphere.

Erik spent his days exploring old Lund. He met people from a bygone era, walked along the cobblestone streets, and visited places he had only read about in books. He was enchanted to experience the city's history firsthand.

But time passed quickly, and Erik knew he had to return to his own time. Using the time machine, he set the clock dial to the correct time and clicked it again. The spinning began anew, and when it stopped, he was back in modern Lund.

Erik had experienced an incredible journey back in time and felt grateful for the opportunity to connect with Lund's history. He decided to keep the time machine's secret well-preserved to protect the city's unique gift.

# Sagan om Den Förtrollade Skogen

———

I en avlägsen del av landet, där skogen var tät och full av hemligheter, levde en ung flicka vid namn Ella. Hon var känd i byn som den som hade en speciell gåva: förmågan att förstå och kommunicera med djuren i skogen.

Ella älskade skogen mer än något annat. Varje dag tillbringade hon timmar bland träden och de små varelserna som kallade skogen sitt hem. Hon kunde prata med fåglarna och förstå ekornens skratt. Skogens djur var hennes närmaste vänner.

En dag, när Ella vandrade djupt in i skogen, kom hon över en förtrollande glänta som hon aldrig hade sett förut. Solen sken genom lövverket och lyste upp marken med ett magiskt skimmer. I mitten av gläntan fanns en uråldrig ek med grenar som sträckte sig upp mot himlen som om de ville röra vid molnen.

När Ella närmade sig eken, hörde hon en svag sång som tycktes komma från trädet själv. Det var en melodi så vacker och sorgsen att den fick tårarna att fylla hennes ögon. Hon visste att det var eken som sjöng, och den bad om hjälp.

Ella frågade eken vad som var fel, och trädet berättade en hjärtskärande historia. Förtrollningen som hade bundit skogen hade fått trädens själar att sörja. Skogens djur hade blivit tysta, och glädjen hade försvunnit från deras hem.

Ella kände en stark känsla av plikt gentemot skogen och dess invånare. Hon lovade att hjälpa till att bryta förtrollningen och återföra glädjen till skogen. Eken tackade henne och gav henne en gåva, en gnistrande sten som lyste som stjärnor på natthimlen.

Med stenen i handen gick Ella djupare in i skogen. Hon visste att hon måste hitta den gamla trollkvinnan som hade kastat förtrollningen över skogen. Det var en farlig resa, men Ella var redo att göra vad som krävdes för att rädda sitt älskade skogsrike.

Ella mötte många prövningar på sin väg. Hon besegrade farliga varelser och överlistade listiga fällor, allt med hjälp av den gnistrande stenen som eken hade gett henne. Till slut, efter många äventyr, kom hon till trollkvinnans gömställe.

Trollkvinnan var en mäktig och vacker varelse, men hon var också ensam och bitter. Ella försökte förstå trollkvinnans smärta och ensamhet och erbjöd henne sin vänskap. Trollkvinnan, som inte hade känt värme eller medkänsla på länge, smälte inför Ellas godhet.

Trollkvinnan avslöjade slutligen hur förtrollningen kunde brytas. Ella använde den gnistrande stenen och trollkvinnans råd för att föra tillbaka glädjen och harmonin till skogen. Träden sjöng igen, djuren lekte och skrattade, och gläntan med den uråldriga eken återfick sin förtrollande skönhet.

Ella visste att hon var tvungen att säga adjö till skogen och dess vänner och återvända till byn. Men hon hade fått vänner och minnen som skulle vara med henne för alltid. Och skogen hade fått sin frid och glädje tillbaka, tack vare Ellas mod och hjärta.

# The Tale of the Enchanted Forest

In a remote part of the country, where the forest was dense and full of secrets, lived a young girl named Ella. She was known in the village as someone with a special gift: the ability to understand and communicate with the animals in the forest.

Ella loved the forest more than anything else. Every day, she spent hours among the trees and the little creatures who called the forest their home. She could talk to the birds and understand the laughter of the squirrels. The forest animals were her closest friends.

One day, as Ella wandered deep into the forest, she came across an enchanting glade that she had never seen before. The sun shone through the foliage, illuminating the ground with a magical shimmer. In the middle of the glade stood an ancient oak tree with branches reaching up towards the sky as if they wanted to touch the clouds.

As Ella approached the oak tree, she heard a faint song that seemed to come from the tree itself. It was a melody so beautiful and sorrowful that it brought tears to her eyes. She knew it was the oak tree singing, and it was asking for help.

Ella asked the oak tree what was wrong, and the tree told her a heart-wrenching story. The enchantment that had bound the forest had caused the souls of the trees to grieve. The forest animals had become silent, and joy had vanished from their home.

Ella felt a strong sense of duty toward the forest and its inhabitants. She promised to help break the enchantment and restore happiness to the forest. The oak tree thanked her and gave her a gift, a sparkling stone that shone like stars in the night sky.

With the stone in her hand, Ella ventured deeper into the forest. She knew she had to find the ancient witch who had cast the enchantment over the forest. It was a dangerous journey, but Ella was determined to do whatever it took to save her beloved woodland realm.

Ella encountered many trials on her journey. She defeated dangerous creatures and outsmarted cunning traps, all with the help of the sparkling stone that the oak tree had given her. Eventually, after many adventures, she reached the hiding place of the ancient witch.

The witch was a powerful and beautiful being, but she was also lonely and bitter. Ella tried to understand the witch's pain and loneliness and offered her friendship. The witch, who had not felt warmth or compassion in a long time, melted before Ella's kindness.

The witch finally revealed how the enchantment could be broken. Ella used the sparkling stone and followed the witch's advice to bring back joy and harmony to the forest. The trees sang again, the animals played and laughed, and the glade with the ancient oak regained its enchanting beauty.

Ella knew she had to say goodbye to the forest and its friends and return to the village. But she had gained friends and memories that would stay with her forever. And the forest had regained its peace and happiness, thanks to Ella's courage and heart.

# Svärdskastarens Hemlighet

Det var en stilla kväll i den pittoreska staden Lönnvik. Stadens kullerstensgator var badade i det mjuka skenet från gatlyktorna, och det lätta regnet smattrade mot fönsterrutorna. Det var precis den typ av kväll som gjorde Lönnvik till den mysiga plats som det var.

Mitt i denna rofyllda scen satt kommissarie Emma Lindgren på sin favoritkafé, Fikatårnet. Hon njöt av doften av nybryggt kaffe och bläddrade genom några gamla fall som hon hade tagit med sig. Emma var en lugn och metodisk detektiv, känd i staden för sin skarpa analytiska förmåga.

Men denna kväll skulle lugnet snart störas. En man iklädd en färgglad cirkusmantel kom stormande in på kaféet. Han verkade både exalterad och förtvivlad samtidigt. Människor runt omkring vände sig om och stirrade på honom med förvånade blickar.

Mannen rusade fram till Emma och sa med andan i halsen: "Kommissarie Lindgren, ni måste hjälpa mig! Mitt svärd har blivit stulet!"

Emma, som var van vid att hantera brott av olika slag, var inte direkt förberedd på att hjälpa till med en stulen cirkusrekwisit. Men hon kunde se att mannen var uppriktig och förmodligen rädd att förlora sitt kära svärd. Hon bad honom att lugna ner sig och berätta vad som hade hänt.

Mannen, som kallade sig Arvid Svärdslukaren, berättade om sin nattliga rutin. Han var en del av ett cirkussällskap som hade sitt tält uppställt på stadens torg. Arvid hade just övat på sitt spektakulära svärdslukningsnummer, som var en av höjdpunkterna på cirkusföreställningen.

"Det är mitt magnum opus," sade han med en skälvande röst. "Svärdslukning är min konstform, och mitt svärd är min förlängda arm. Jag kan inte föreställa mig att förlora det!"

Han fortsatte med att berätta att han hade varit tvungen att återvända till sitt tält för att hämta några rekvisita som han hade glömt. När han kom tillbaka hade han funnit sitt svärd borta. Ingen annan i cirkussällskapet hade sett något, och det fanns inga spår av inbrott i tältet.

Emma föreslog att de skulle gå till cirkustältet för att utreda saken. Hon var nyfiken på att se platsen och förstå vad som hade hänt. Arvid nickade ivrigt och ledde henne till tältet.

Väl där inne möttes de av en annan cirkusartist som spelade trumpet i sällskapet. Han hette Viktor och verkade oroad över det som hade hänt. Viktor berättade att han hade varit i närheten av tältet under den tiden när Arvid hade gått för att hämta sina rekvisita, men han hade inte sett någon främmande person komma eller gå.

Emma och Arvid undersökte tältet noggrant, men de kunde inte hitta några ledtrådar. Det fanns inga synliga tecken på inbrott eller tjuvar. Svärdet hade bara försvunnit.

Efter att ha pratat med Viktor och de andra cirkusmedlemmarna bestämde sig Emma för att ta fallet på allvar. Hon kände att det fanns mer bakom det här än bara ett stulet svärd. Det var något mystiskt med hela situationen.

Under de följande dagarna fortsatte Emma att gräva i fallet. Hon besökte cirkusens föreställningar och intervjuade publiken för att se om någon hade sett något ovanligt. Hon frågade också andra cirkusartister om de hade hört eller sett något konstigt.

Men det verkade som om fallet gick i cirklar. Inga ledtrådar dök upp, och det fanns ingen tydlig misstänkt. Emma började känna sig frustrerad och hade svårt att förstå hur någon kunde ha tagit svärdet utan att lämna några spår.

En kväll satt hon återigen på Fikatårnet och funderade över fallet. Hon hade en kopp kaffe framför sig och en anteckningsbok där hon hade skrivit ner alla de få ledtrådar som hon hade samlat på sig. Plötsligt kom någon fram till henne.

Det var Viktor, trumpetaren från cirkussällskapet. Han såg nervös ut och sade: "Kommissarie Lindgren, jag måste prata med er. Det är något jag har hållit för mig själv, men jag tror att det kan ha betydelse för ert fall."

Emma bad honom att sätta sig och berätta vad han visste. Viktor tvekade ett ögonblick men började sedan berätta om en händelse som hade inträffat samma natt som svärdet försvann.

Han hade varit ute på en promenad runt stadens torg, precis utanför cirkustältet, när han hade hört ljudet av skrapande metall. Det hade varit ett ovanligt ljud, som om någon hade försökt bända eller slå sig igenom något. Viktor hade försökt hitta källan till ljudet men hade inte sett någonting misstänkt.

Emma tackade Viktor för informationen och insåg att det var en viktig ledtråd. Skrapljudet kunde indikera att någon hade försökt bryta sig in i tältet. Kanske hade de inte lyckats då, men senare hade de kommit tillbaka för att stjäla svärdet.

Med den nya ledtråden beslutade Emma att återvända till cirkustältet för ytterligare undersökning. Hon bad Viktor att följa med henne och visa exakt var han hade hört skrapljudet. De gick ut på torget och började leta runt området.

Efter en stund hörde de faktiskt ljudet av metall som skrapades mot något. De följde ljudet till en av tältpålarna som var dold i skuggan av tältet. När de tittade närmare upptäckte de att någon hade försökt att göra ett hål i tältpålen med hjälp av ett verktyg.

Det verkade som om tjuven hade försökt komma in i tältet, men de hade misslyckats och lämnat när de blev störda. Nu hade de ett spår att följa. Emma kontaktade polisen för att få tältet undersökt för fingeravtryck och andra ledtrådar.

Under tiden fortsatte Emma att förhöra cirkusens medlemmar och publiken. En av de unga cirkusartisterna, en luftakrobat som kallades Isabella, berättade något intressant. Hon hade sett en främmande man hängande runt tältet flera dagar i rad, och han verkade vara mycket intresserad av Arvids svärdslukningsnummer.

Detta var en viktig ledtråd. Emma insåg att de nu hade en misstänkt. Mannen som hade hängt runt tältet kunde vara tjuven. Men de behövde mer bevis för att knyta honom till stölden.

Efter att ha fått resultat från polisens undersökning av tältet hittade de faktiskt fingeravtryck på tältpålen. Emma jämförde dem med fingeravtrycken från misstänkte personer i stadens register och fick en träff.

Mannen som hade hängt runt tältet hade ett kriminellt förflutet och var känd för småstölder och inbrott. Hans namn var Anders Johansson. Emma hade nu tillräckligt med bevis för att få en arresteringsorder och leta efter honom.

Tillsammans med polisen genomförde Emma en räd. De hittade Anders i en nedgången lägenhet inte långt från torget. Han hade Arvids svärd gömt under sin säng. När han konfronterades med bevisen erkände han stölden och berättade att han hade planerat att sälja svärdet på den svarta marknaden.

Arvid Svärdslukaren blev återförenad med sitt kära svärd, och cirkussällskapet firade med en extra festlig föreställning på stadens torg för att fira att fallet hade lösts. Emma kände en stor tillfredsställelse över att ha hjälpt till att lösa mysteriet.

Svärdskastarens Hemlighet hade avslöjats, och lugnet återvände till den mysiga staden Lönnvik. Emma visste att även de mest ovanliga brott kunde lösas med noggrannhet och tålamod, och hon kunde fortsätta njuta av sina kvällar på Fikatårnet, där kaffet var starkt och regnet smattrade mot fönsterrutorna.

# The Sword Thrower's Secret

It was a quiet evening in the picturesque town of Lönnvik. The cobblestone streets of the town were bathed in the soft glow of streetlights, and the gentle rain pattered against the windowpanes. It was exactly the kind of evening that made Lönnvik the cozy place it was.

Amidst this peaceful scene, Detective Emma Lindgren sat at her favorite café, Fikatårnet. She savored the aroma of freshly brewed coffee and perused some old cases she had brought with her. Emma was a calm and methodical detective, known in the town for her sharp analytical skills.

But this evening, the tranquility would soon be disrupted. A man dressed in a colorful circus coat burst into the café. He seemed both excited and desperate at the same time. People around turned to stare at him with astonished looks.

The man rushed up to Emma and said breathlessly, "Detective Lindgren, you must help me! My sword has been stolen!"

Emma, accustomed to dealing with various crimes, was not prepared to assist with a stolen circus prop. However, she could see that the man was sincere and likely fearful of losing his cherished sword. She asked him to calm down and explain what had happened.

The man, who went by the name Arvid Swordswallower, began to recount his nightly routine. He was part of a circus troupe that had set up their tent in the town square. Arvid had just been rehearsing his spectacular sword swallowing act, which was a highlight of the circus performance.

"It's my magnum opus," he said with a trembling voice. "Sword swallowing is my art, and my sword is my extended arm. I can't imagine losing it!"

He went on to explain that he had to return to his tent to retrieve some props he had forgotten. When he returned, he found his sword missing. No one else in the circus troupe had seen anything, and there were no signs of a break-in at the tent.

Emma suggested they go to the circus tent to investigate the matter. She was curious to see the location and understand what had happened. Arvid eagerly nodded and led her to the tent.

Once inside, they were met by another circus performer, a trumpeter named Viktor. He appeared concerned about what had happened. Viktor explained that he had been near the tent at the time Arvid had gone to retrieve his props, but he hadn't seen any unfamiliar person entering or leaving.

Emma and Arvid thoroughly examined the tent, but they couldn't find any clues. There were no visible signs of a break-in or thieves. The sword had simply vanished.

After speaking with Viktor and other circus members, Emma decided to take the case seriously. She felt there was more to this than just a stolen sword. There was something mysterious about the whole situation.

In the following days, Emma continued to delve into the case. She attended the circus performances and interviewed the audience to see if anyone had noticed anything unusual. She also questioned other circus performers to find out if they had heard or seen anything strange.

But it seemed like the case was going in circles. No clues emerged, and there was no clear suspect. Emma began to feel frustrated, finding it difficult to understand how someone could have taken the sword without leaving any traces.

One evening, she sat at Fikatårnet once again, pondering the case. She had a cup of coffee in front of her and a notebook where she had written down the few leads she had gathered. Suddenly, someone approached her.

It was Viktor, the trumpeter from the circus troupe. He looked nervous and said, "Detective Lindgren, I need to talk to you. There's something I've kept to myself, but I think it might be relevant to your case."

Emma asked him to sit down and tell her what he knew. Viktor hesitated for a moment but then began to recount an incident that had occurred on the same night the sword disappeared.

He had been out for a walk around the town square, just outside the circus tent when he heard the sound of scraping metal. It had been an unusual sound, as if someone were trying to pry or force something open. Viktor had tried to locate the source of the noise but hadn't seen anything suspicious.

Emma thanked Viktor for the information and realized it was an important clue. The scraping sound could indicate that someone had attempted to break into the tent. Maybe they hadn't succeeded then, but they had returned later to steal the sword.

With this new lead, Emma decided to return to the circus tent for further investigation. She asked Viktor to accompany her and show her exactly where he had heard the scraping noise. They went out to the square and began searching the area.

After a while, they actually heard the sound of metal scraping against something. They followed the noise to one of the tent poles hidden in the shadow of the tent. Upon closer inspection, they discovered that someone had tried to make a hole in the tent pole using a tool.

It seemed that the thief had attempted to break into the tent but had failed and left when they were disturbed. Now they had a trail to follow. Emma contacted the police to have the tent examined for fingerprints and other evidence.

In the meantime, Emma continued to interview circus members and the audience. One of the young circus performers, an aerialist called Isabella, shared something interesting. She had seen a stranger hanging around the tent for several days, and he seemed very interested in Arvid's sword swallowing act.

This was a crucial lead. Emma realized they now had a suspect. The man who had been loitering around the tent could be the thief. But they needed more evidence to connect him to the theft.

After receiving the results of the police examination of the tent, they actually found fingerprints on the tent pole. Emma compared them to the fingerprints of known individuals in the town's database and got a match.

The man who had been hanging around the tent had a criminal record and was known for petty thefts and burglaries. His name was Anders Johansson. Emma now had enough evidence to obtain an arrest warrant and search for him.

Together with the police, Emma conducted a raid. They found Anders in a run-down apartment not far from the square. He had Arvid's sword hidden under his bed. When confronted with the evidence, he confessed to the theft and admitted he had planned to sell the sword on the black market.

Arvid the Swordswallower was reunited with his beloved sword, and the circus troupe celebrated with an extra festive performance in the town square to mark the resolution of the case. Emma felt a great satisfaction in having helped solve the mystery.

The Sword Thrower's Secret had been revealed, and tranquility returned to the cozy town of Lönnvik. Emma knew that even the most unusual crimes could be solved with diligence and patience, and she could continue to enjoy her evenings at Fikatårnet, where the coffee was strong, and the rain pattered against the windowpanes.

# Det Magiska Bokantikvariatet

I den lilla staden Bryggholm, gömd bland höga berg och gröna dalar, fanns ett magiskt bokantikvariat som hette "Böckernas Hörn." Det var ett ställe där de gamla böckerna hade en egen själ, och ägaren, en vänlig äldre man vid namn Gustav, var som en bokens väktare.

Många år hade gått sedan Gustav hade öppnat sin butik, och han hade samlat på sig en samling av böcker som var äldre än någon annan i staden. Bland hyllorna fanns allt från dammiga gamla handskrifter till klassiker från förra seklet.

En dag, när höstens första löv började falla, gick en ung kvinna vid namn Lina förbi Böckernas Hörn. Hon hade alltid varit fascinerad av antikvariat och kunde inte motstå frestelsen att gå in. När hon steg över tröskeln kände hon en varm och inbjudande atmosfär som omfamnade henne.

Lina började bläddra bland hyllorna och upptäckte snart en bok som fångade hennes uppmärksamhet. Den var inbunden i gammalt läder och hade gulnade sidor. Titeln var "Drömmarnas Hemlighet." Lina kände sig dragen till boken som om den hade en egen vilja.

Hon tog med sig boken till disken där Gustav stod. Han log vänligt och sa, "Du har valt en speciell bok, unga dam. Den har en särskild historia."

Lina blev nyfiken och frågade vad som var så speciellt med boken. Gustav sade att den hade ägt många ägare genom tiderna och att den sades innehålla en magisk hemlighet som kunde avslöjas för den rätte läsaren.

Lina betalade för boken och gick hem med den. När hon slog upp den och började läsa, insåg hon att det var en berättelse om drömmar och äventyr. Men något var annorlunda. Orden tycktes komma till liv på sidorna, och snart befann sig Lina i en drömlik värld.

Hon reste genom tid och rum, upplevde fantastiska äventyr och mötte magiska varelser. Varje natt när hon la sig ner för att sova, fortsatte berättelsen i boken i hennes drömmar. Det var som om boken tog henne med på en resa som var både spännande och fängslande.

Lina kunde inte låta bli att besöka Böckernas Hörn igen och berätta för Gustav om sina drömmar. Han lyssnade noga och nickade förstående.

"Böcker har alltid haft en särskild kraft," sade han. "De kan föra oss till platser vi aldrig kunnat föreställa oss och låta oss uppleva äventyr i vår fantasi."

Lina fortsatte att besöka butiken och läsa boken, och hon insåg att det inte bara var berättelsen som var magisk utan även platsen och ägaren själv. Gustav hade en förmåga att föra de rätta böckerna och människorna samman.

Med tiden lärde Lina känna andra stamkunder i butiken, och de bildade en gemenskap av bokälskare som delade sina favoritböcker och berättelser. Tillsammans utforskade de olika genrer och epoker och fann glädje i att läsa och diskutera böcker.

En dag när hösten återvände till Bryggholm, kom Lina till butiken och fann den stängd. En lapp på dörren meddelade att Gustav hade gått i pension och att Böckernas Hörn skulle stängas för gott. Det var en sorgsen dag för alla som hade kommit att älska butiken och dess magiska atmosfär.

Men innan han lämnade över butiken till nya ägare, gav Gustav Lina den gamla boken, "Drömmarnas Hemlighet," som en gåva. Han sa att boken hade funnit sin rätta ägare i henne och att han var övertygad om att hon skulle fortsätta att föra dess magi vidare.

Lina tackade Gustav för allt och lovade att hedra hans arv genom att fortsätta att läsa och dela med sig av sina äventyr med andra bokälskare. När hon öppnade boken hemma fanns där en ny sida med en rubrik som löd "Ditt eget äventyr." Orden glittrade som stjärnor på sidan.

Så slutar vår historia om Det Magiska Bokantikvariatet och den unga kvinnan Lina, som upptäckte att böcker inte bara kan ta oss till fantastiska världar utan också föra människor samman i gemenskap och kärlek till litteraturen. För även när en butik stänger, lever dess magi kvar i hjärtat hos de som har älskat den.

# The Magical Book Antiquarian

In the small town of Bryggholm, nestled among tall mountains and green valleys, there was a magical book antiquarian called "Corner of Books." It was a place where old books had their own souls, and the owner, a kindly elderly man named Gustav, was like a guardian of books.

Many years had passed since Gustav had opened his shop, and he had collected a range of books older than any others in town. Among the shelves were everything from dusty old manuscripts to classics from the last century.

One day, as the first leaves of autumn began to fall, a young woman named Lina passed by the Corner of Books. She had always been fascinated by antiquarian bookstores and couldn't resist the temptation to step inside. When she crossed the threshold, she felt a warm and inviting atmosphere that embraced her.

Lina started browsing the shelves and soon found a book that caught her attention. It was bound in old leather and had yellowed pages. The title was "The Secret of Dreams." Lina felt drawn to the book as if it had a will of its own.

She took the book to the counter where Gustav stood. He smiled kindly and said, "You've chosen a special book, young lady. It has a unique history."

Curious, Lina asked what was so special about the book. Gustav said it had passed through many owners over the years and was rumored to contain a magical secret that could be revealed to the right reader.

Lina paid for the book and took it home. When she opened it and began to read, she realized it was a story of dreams and adventures. But something was different. The words seemed to come to life on the pages, and soon, Lina found herself in a dreamlike world.

She traveled through time and space, experienced fantastic adventures, and encountered magical creatures. Every night when she went to sleep, the story in the book continued in her dreams. It was as if the book took her on a journey that was both exciting and captivating.

Lina couldn't resist visiting the Corner of Books again and telling Gustav about her dreams. He listened attentively and nodded in understanding.

"Books have always held a special power," he said. "They can take us to places we could never imagine and let us experience adventures in our imagination."

Lina continued to visit the shop and read the book, realizing that it wasn't just the story that was magical, but also the place and the owner himself. Gustav had a knack for bringing the right books and people together.

Over time, Lina got to know other regular customers in the store, and they formed a community of book lovers who shared their favorite books and stories. Together, they explored different genres and eras and found joy in reading and discussing books.

One day, as autumn returned to Bryggholm, Lina came to the shop and found it closed. A note on the door informed her that Gustav had retired and that the Corner of Books would be closing for good. It was a sad day for all who had come to love the shop and its magical atmosphere.

But before handing over the shop to new owners, Gustav gave Lina the old book, "The Secret of Dreams," as a gift. He said the book had found its rightful owner in her and that he was confident she would continue to carry its magic forward.

Lina thanked Gustav for everything and promised to honor his legacy by continuing to read and share her adventures with other book lovers. When she opened the book at home, there was a new page with a heading that read, "Your Own Adventure." The words sparkled like stars on the page.

So ends our story of The Magical Book Antiquarian and the young woman named Lina, who discovered that books can not only take us to fantastic worlds but also bring people together in a community of love for literature. For even when a shop closes, its magic lives on in the hearts of those who have loved it.

# Den Klumpige Sjömannen

I de pittoreska fiskebyarna längs Skånes kust fanns det en sjöman som var välkänd för sin klumpighet. Hans namn var Erik, och han bodde i den lilla byn Sjövik. Erik var en hjärtlig och älskvärd man, men hans förmåga att ställa till det var imponerande.

Erik hade alltid drömt om att segla och se världen från havet. Så när han var gammal nog, gick han ombord på en fiskebåt och började sitt sjömansliv. Men från första dagen visade han sin klumpighet.

På sin allra första fisketur trasslade han in sig i fiskenätet så att båten nästan sjönk. Besättningen skrattade åt honom, men de insåg snart att Eriks hjärta var på rätt plats, även om han var klumpig.

En av Eriks mest minnesvärda ögonblick var när han råkade släppa ankaret mitt ute på havet. Det hela resulterade i att båten drev bort och besättningen var tvungen att ro tillbaka till kusten.

Men trots alla sina missöden blev Erik snart en omtyckt medlem av besättningen. Han var alltid där för att lyfta moralen med sina skrattretande påhitt och sitt glada humör. Han kunde göra de tråkigaste stunderna på sjön till minnesvärda ögonblick med sina ofrivilliga komiska inslag.

En dag, när Erik och besättningen var på en lång fisketur, började himlen mörkna, och det drog upp till en storm. Vågorna blev höga och farliga, och båten kastades fram och tillbaka.

Besättningen kämpade för att hantera situationen, men det var tydligt att de behövde något extra för att klara sig genom stormen.

Det var då Erik, den klumpige sjömannen, trädde fram. Han hade en idé. Med sin karakteristiska klumpighet snubblade han runt på däck och samlade ihop alla överblivna fiskenät. Sedan kastade han dem i vattnet bakom båten.

Besättningen stirrade på honom med förvånade ögon. Vad var det han höll på med? Men Eriks plan visade sig vara genialisk. Fiskenäten skapade en slags motvikt bakom båten och hjälpte till att stabilisera den i de vilda vågorna.

Trots att han hade klumpat till det igen, hade Erik räddat dagen. Båten klarade sig igenom stormen, och besättningen kunde fortsätta sin fisketur. De skrattade och tackade Erik för hans oförutsägbara hjälp.

När de återvände till Sjövik, var Erik den stora hjälten i byn. Folk berättade historien om hur den klumpige sjömannen hade räddat besättningen i stormen, och alla skrattade och applåderade. Erik hade visat att även en klumpig sjöman från Skåne kunde göra något fantastiskt när det behövdes som mest.

Från den dagen blev Erik känd som "Sjöviks Hjälte," och hans klumpighet blev en del av byns charm. Han fortsatte att segla och göra sina galna upptåg till glädje för alla som kände honom. För även om han var klumpig, hade han den största hjärta av dem alla och en förmåga att göra det bästa av varje situation på sitt eget unika sätt.

Så slutar historien om Den Klumpige Sjömannen från Skåne, en man vars hjärta var större än hans förmåga att undvika att ställa till det. Ibland är det de mest oförutsägbara människorna som blir hjältar när det verkligen gäller.

# The Clumsy Sailor

In the picturesque fishing villages along the coast of Skåne, there was a sailor who was well-known for his clumsiness. His name was Erik, and he lived in the small village of Sjövik. Erik was a hearty and lovable man, but his knack for getting into mishaps was truly remarkable.

Erik had always dreamed of sailing and seeing the world from the sea. So when he was old enough, he joined a fishing boat and embarked on his sailor's life. But from the very first day, he displayed his clumsiness.

On his very first fishing trip, he got entangled in the fishing net, nearly causing the boat to sink. The crew laughed at him, but soon they realized that Erik's heart was in the right place, even if he was clumsy.

One of Erik's most memorable moments was when he accidentally released the anchor in the middle of the sea. The whole incident resulted in the boat drifting away, and the crew had to row back to the shore.

But despite all his mishaps, Erik soon became a beloved member of the crew. He was always there to lift morale with his laugh-inducing antics and cheerful demeanor. He could turn the dullest moments at sea into memorable ones with his unintentionally comical contributions.

One day, when Erik and the crew were on a long fishing expedition, the sky began to darken, and a storm brewed. The waves grew high and treacherous, tossing the boat back and forth. The crew struggled to handle the situation, but it was clear they needed something extra to make it through the storm.

That's when Erik, the clumsy sailor, stepped forward. He had an idea. In his characteristic clumsiness, he stumbled around the deck, gathering all the leftover fishing nets. Then he tossed them into the water behind the boat.

The crew stared at him with astonished eyes. What was he doing? But Erik's plan turned out to be brilliant. The fishing nets created a sort of counterbalance behind the boat, helping to stabilize it in the wild waves.

Despite messing up again, Erik had saved the day. The boat made it through the storm, and the crew could continue their fishing expedition. They laughed and thanked Erik for his unpredictable assistance.

When they returned to Sjövik, Erik was the hero of the village. People told the story of how the clumsy sailor had saved the crew in the storm, and everyone laughed and applauded. Erik had shown that even a clumsy sailor from Skåne could do something amazing when it was needed most.

From that day on, Erik was known as "Sjövik's Hero," and his clumsiness became part of the village's charm. He continued to sail and make his crazy antics to the delight of everyone who knew him. Because even though he was clumsy, he had the biggest heart of them all and a knack for making the best out of every situation in his own unique way.

So ends the story of The Clumsy Sailor from Skåne, a man whose heart was bigger than his ability to avoid mishaps. Sometimes, it's the most unpredictable people who become heroes when it truly matters.